아스펜더스의 아리랑

박덕희 세 번째 시집

아스펜더스의 아리랑

초판1쇄 발행 2025년 7월 30일

지은이 박덕희
펴낸이 이길안
펴낸곳 세종출판사

주소 부산광역시 중구 흑교로 71번길 12 (보수동2가)
전화 463－5898, 253－2213~5
팩스 248－4880
전자우편 sjpl5898@daum.net
출판등록 제02-01-96

ISBN 979-11-5979-798-9 03810

정가 12,000원

아스펜더스의 아리랑

박덕희 세 번째 시집

세종출판사

세 번째 시집을 내면서

십년 전 제 고희연 자리에서 조심스레 마음속
다짐 하나를 꺼낸 적이 있습니다
"팔순이 되면 시집 한 권을 내고 싶다"고요
그때는 시인으로 등단하기 전이었고,
시는 그저 제 여행길의 친구요 마음의 벗일 뿐이었습니다

그 다짐이 세월을 지나 오늘 세 번째 시집
[아스펜더스의 아리랑]으로
여러분 앞에 인사를 드리게 되었습니다

그동안 수없이 떠난 길 위에서, 산사에서, 바닷가에서,
혹은 기억 속 오래된 다리 위에서 작은 시어들이
제 마음에 들려주던 이야기를 모았습니다

시는 약속이고 그 약속을 지키는 일은 곧 삶을
사랑하는 일임을 이제야 고백합니다
무엇보다 이 여정을 가능케 한 묵묵히 기다리고
응원해준 아들 딸 사위 그 모두의 사랑이 아니었다면
이 시집은 나오지 못했을 것입니다

시인의 바른 길로 이끌어 주시는
부산여성문학인협회 명예이사장이신 정영자 교수님께
깊이 감사드립니다.
함께 나이 들며 삶의 이야기를 나눈 벗들에게도
진심어린 감사를 전합니다.

삶과 언어의 무게를 가르쳐 주신 그 가르침이
제 시의 뿌리가 되었습니다.
이 시집이 누군가의 기억 속 어느 장면과 닿아
한줌의 따뜻함 이나마 건넬 수 있기를 소망합니다.

저자 **박 덕 희**

차례

제2부

아스펜더스의 아리랑

제3부
이야기할머니 오셨다

제4부
시간을 넘어 역사를 만나다

제5부
빗살무늬를 만나다

제6부
민들레 홀씨 등불 밝히다

제1부

팔순의 춤

마지막 여행

내 나이 마흔여덟
가을이 한창이던 날
그와 함께 계획에도 없던
경주행 무궁화 열차를 탔다

기차역에 내리자 배가 고프다며
가까운 시장 안으로 이끌었다

생선회를 주문한 남편은
땀을 뻘뻘 흘리며 맛있게 먹는 모습이
왠지 짠했다

첨성대, 박물관, 천마총을 거닐고
안압지에서는 노랗게 익은
모과를 줍기도 했다

'여보, 우리 다음 소풍 때는 김밥을 사옵시다'
남편은 아이처럼 즐거워하며 다음을 기약했다

그로부터 두어 달 후
안압지에서 가져온 모과 청이 채 익기도 전에
그 사람은 너무나 갑작스럽게 먼 길을 떠나버렸다
사고였다

우리는
그렇게 영영 이별을 했다
기약도,
이별도,
계획 없이 오고갔다

그와의 마지막 여행지〈경주〉에 오면
걸음마다 모과향이 따라오고
먼 봉우리에, 가을은
30년 전의 그때처럼 한창 진행 중이다

창동문화의 거리

겨울비가
소리 없이 내리는 날
창동문화의 거리를 걷는다

사십여 년 전
그와 함께 걸었던 길이
어디쯤이었을까 기웃 거리다
이선관 시인의 〈창동 네거리〉라는
작품과 마주했다

시의 마지막 연
'한 번 더 소생된 몸으로
소년시절을 보내고 싶다'
시인의 염원이 아프게 다가온다

겨울비가 내리는 골목길
그와의 추억을 찾아
낯선 거리를 서성거리는
나를 본다

이 순간
나를 가르키는 것은
그리움일까 슬픔일까

팔순의 춤

영축산 바라보며
통도사 서운암장경각 뜰에 서니
팔순의 나이
내 마음은 청춘이네

하이얀 고깔위로
햇살이 내려앉고
나의 발걸음 사뿐사뿐,
세월을 잊게하네

전국꽃문학축제의 날
무대 위에 서는 순간,

내가 나에게 주는
가장 큰 선물은

이 순간의 아름다움이네

부처님 전에 두 손 모두오고
장삼자락 휘날리며
둥 둥 둥 북소리 울리네

감동의 물결 속에
내가 나를 칭찬하네
"너는 할 수 있어 이 모든 것을 이겨내고"

팔순의 나이
숨은 나의 언어
영혼의 노래로 남으리

2025. 4.26. 통도사서운암장경각 뜰에서

아버지의 꽃밭

– 푸르메 카페에서

소담하게
꽃밭 하나 있었다

뒷마당에 아버지와 함께 심던
금잔화 백일홍 봉선화 나팔꽃

우연히 들른 카페에서
떠오른 아버지의 꽃밭,

노랑 빨강 주홍의 백일홍과
신기한 꽃나무가 마당을 채우고

테이블 마다 올려놓은 화병에는
카페주인의 세심함이 반기고 있었다

오는 길에 그 집 주인장이
마당 가득한 황금빛 금잔화와
콜라겐이 풍부하다며
정성껏 챙겨주던 금화규 꽃차

돌아와 식탁위에 펼치니
어린 날 아버지의 꽃밭에서 놀던 나비
금방이라도 날아올 듯하다

딸과 함께 걷는 길

동해의 일출이
잠을 깨운다

리조트 바닷길
바윗돌 사이로 부딪치는
파도소리

태양은 바윗돌 사이
달개비 꽃 위에 내려앉았다

귀한 연보라 순비기와
이질풀꽃 사이

여름을 떠나보내는
마지막 해당화 한 송이 애잔하다

도란도란
이야기 나누는 길
내 딸이 웃는다

이런 날이
얼마나 남았을까

먼 바다 수많은 윤슬
눈이 부시다

뜰에 핀 목련꽃

봄. 봄. 봄이다
꽃구경 하러
이곳저곳 돌다오니

뜰 앞 목련꽃
하이얀 바람에 손 흔드네

아!
언제 피었느뇨
앞마당에 꽃을 두고
멀리서 찾았구나
아름다운 나의 꽃이여

고고 하여라
청초 하여라
성당의 마리아상 같이
그윽하고 고운 꽃이여

나의 눈길 머문 곳에
너의 이름 불러보네

아,
돌아온 약속이여
순백의 목련이여

10월의 향기

새벽바람을 맞으며
길을 나선다

어디선가 코끝에 맴도는
진한 향내
무슨 향내일까
코끝을 치켜 세워본다

익숙한 향내
아! 10월이며 어김없이
찾아오는 금목서다

황금빛 색깔
어두운 새벽길을 밝힌다
아파트 구석구석 향내가
바람을 타고 풍겨온다

10월은 황금빛 금목서가 있어
더욱 향기롭고 빛이 난다

2023.10.13.

봄, 봄, 봄

매화나무 아래
봄까치꽃 무리지어
피었네

봄을 캐는 칠십이 넘은
그녀들의 감탄사와 웃음이
소녀처럼 풋풋하다

마치 밤하늘의
별들이 내려앉은 듯,

봄까치꽃은 햇살에
눈이 부시도록
반짝 인다

꽃이 지고 있는
매화나무 가지에
어린왕자라도 앉았으면 좋겠다는
동심어린 생각이 스친다.

2023. 3.18.

물소리 농원

일년 만에 물소리 농원의
철문을 밀고 들어가니
양쪽으로 기립해있는 동백나무

활짝 핀 동백꽃이
반겨 주리라 기대했건만
꽃들은 만신창이가 되어
널부러져 있다

주인을 기다리다 지쳐서
시커먼 멍이 들었나

텃밭에서 방풍, 머위를 뜯고 있는
나그네의 심사는
왜 이리도 쓸쓸해지는 걸까

부추 밭의 부추는
바람에 넘실대는
청보리 처럼 푸르고
주인 없는 물소리 농원에는
동박새의 지저귐도

짝을 부르는
직박구리의 요란스러움도
들리지 않는다

다들 어디로 떠나버린 걸까

2023.4.2.

황태국과 〈토셀리의 세레나데〉

새벽 체조를 나서는데
비가 후두둑 떨어진다

아쉽지만
황태 한 마리 찢어서
고추장 무침과 국을 끓이기로 한다

그가 유난히 좋아했던,
그의 입맛을 꼭 닮은
아들을 위해..

라디오에서는 감미로운
"토셀리의 세레나데"가 흘러나오고
황태국은 보글보글 끓고 있다

나이팅게일의 아름다운 목소리와
바이올린의 섬세한 선율 속으로

그리움과 구수함이
집안 가득 차오르는데
창밖에는 비가 내리고 있다

※ 나이팅게일: 참새목과 딱새과에 속하는 새의 이름

영도다리

– 아버지를 기억하며

전차가 덜컹이던 날
영도다리는 천천히,
조심스럽게 하늘을 열었다
목제다리의 울림 속에
나는 아버지 손을 놓지 않으려
작은 손으로 꼭, 매달렸다

사람들이 숨을 멈추고
다리 너머를 바라볼 때
아버지는 말없이 눈을 가늘게 떴다
"기다려야지, 저 배가 지나갈 때 까지"

들리는 것은 뱃고동 소리와
멀어지는 파도뿐이었지만
칠십여 년 전 그날 나는 기다림이
재회의 다른 이름이라는 걸
처음 배웠다

영도다리는 지금도 하늘을 연다
나보다 먼저
아버지를 데려다 준 그 다리
나는 다시 한 번 전차를 타고,
기억의 종점에 다다른다

광안대교

– 시민걷기대회 날

신발 끈을 조여 매고
광안대교를 처음 걸었던 날,
부산의 바다는 발아래 출렁이고
사람들의 발걸음은
마치 하나의 리듬처럼 이어졌다

그날은 바람도 우리 편이었다
햇살은 다리 위를 반짝이며
인도했고
해운대부터 남천까지
걸음마다 대한민국의 숨결이
깃들었다

누가 이 바다 위에 다리를
놓았을까
그 위를 걷는 우리를
한때의 기적으로 만들었을까

다리는 건너는 것이 아니라
함께 걷는 것임을,
건축은 곧 꿈을 지탱하는 기술임을
나는 그날 처음 알았다

지금도 밤이면
광안대교는 불을 밝힌다
그 위를 지난 수천수만의 마음들처럼
나도 언젠가는 다시
그 다리를 건너리라,
처음처럼, 새 마음으로

5월의 향내는 남아

해운대문화회관의 어둠 속,
바리톤 오세민이 부르던
슈만의 〈시인의 사랑〉
낯선 언어 느린 선율—
바리톤의 무게에 눌려
잠시, 지루함이 스쳤지요.

2부의 바이올린,
'당신의 향한 소묘'라 이름 붙은
엘가의 '사랑의 인사'가
가슴 한 켠을 열고,
쇼팽의 이별 노래가
지나간 시간을 물들였지요

그 순간 떠올랐습니다
남도 답사 1 번지,
한 사찰의 조용한 법당에서
스님이 따라주시던 녹차 한 잔,
그 잎 향과 어우러지던
엘가의 선율—
아, 잊을 수 없는 그 겨울날,

음악회가 끝난 밤,
홀로 문화회관을 나서는데
하늘은 캄캄했고
가로수의 이팝나무엔
이미 꽃이 져 있었지요

하지만 그 자리에
5월의 향내만은
은은히 남아 있었답니다
음악처럼, 추억처럼.

2025. 5.30.

세병관 마루에 앉아

비는 조용히 내려
세병관 마루에 물기를 남긴다
문우들과 둘러앉아
이순신 장군의 숨결을 듣는다

바다를 지켜낸 칼날 같은 정신과
통영의 붓끝 같은 풍류가
마루 끝에서 마루 끝까지 흐르네

고개 들면
분합 들문 사이로 스며드는
바람과 나무의 무늬
그 단아하고 간결한 문살들
시간보다 오래된 침묵을 말한다

저 멀리
강구안의 풍경은 해무에 쌓여
한 폭의 수묵화처럼 번진다
실루엣 같은 배들이 조용히 떠있고

그 위로 비는 조금씩 아주 조금씩
시를 써내려 간다

2025. 6.13. 세병관에서

기념관에서, 다섯 살의 기억

통영상륙작전 기념관
빗방울이 기념비를 스치듯
떨어지고 관장님의 목소리는
1950년 여름으로 우리를 데려간다

피란민의 물결을 가르며
해병대의 깃발은 바다에서
솟아났고 낯선 사람들의 손길이
식량과 약품과 희망을 건네주었다

그들의 이름을 기억 한다
정말 고마운 사람들이다

내 나이 다섯 살
부산의 흙길을 맨발로 뛰던 그때
어렴풋한 기억 속에 지뢰가 터졌고
피묻은 들것을 어른들이 양쪽에서 들고
재빠르게 움직이던 오후가 있었다

나는 남쪽 끝에 있었지만
윗 지역 사람들은

깊은 절망 속에 있었겠지
누가 누구를 찾는지 모를
이산가족의 흐느낌 속에서
하늘은 늘 낮게 울었다

이제야 절실히 빌어본다
다시는 전쟁이 없어야 한다고
한 사람의 어린 기억이
이 나라 전체의 기도로
번져가기를

2025. 6.13. 통영상륙작전 기념관에서

제2부

아스펜더스의 아리랑

에페소스, 돌속의 메아리

기둥의 그림자 아래
신들의 숨결이 잠든 도시
나는 발을 멈추고
시간의 문을 지나간다

아르메데스의 신전,2천년을 품은 돌이 말을 건네고
그 너머,

2만5천의 숨결을 삼켰던
웅대한 원형극장을
바라보았을때
나는 작아졌고
그들은 살아났다

돌계단 하나하나 마다
기억이 앉아있고
천정을 덮지 않은 하늘아래
역사의 목소리가 울려 퍼진다

수많은 발걸음 중
우리가 가장 많다니

이 먼 땅에서
같은 감동을 마주한 이들이
참으로 많구나

기억하리라
돌보다 오래 남을
이 떨림을!

2025.4.20. 에페소스에서

카파토키아, 너와 나의 하늘

새벽빛이 아직 잠에서
덜 깬 땅위로
열기구 하나
또 하나 피어오르고

그 속에 우리,
작은 꿈을 안고 하늘로 올랐지

딸의 따뜻한 손을 잡은체
가슴속엔 말 없는 기도가 있었어

이 순간, 너의 눈에 비친 세상이
부디 오래도록 빛나기를...

2025. 4.18. 카파토키아에서

안탈리아의 지중해

안탈리아의 햇살아래
딸과 함께 손잡고
지중해 유람선에 몸을 실었네

청색 물빛은
포말도 없이 속삭이고
바람은 머리카락을
휘날리게 하네

거북아일랜드 저편,
하늘은 갈매기로 가득하고
그 하얀 날갯짓 속에
시간도 천천히 흘러

청색의 바다위의 짧은 시간
이 순간을 기억해야지

너와 나
그리고 끝없이 펼쳐진
청색의 시어들
지중해 위로 둥둥 떠 다닌다

2025. 4. 18. 지중해에서

올림푸스, 신의 숨결 속에서

2.368m의 하늘 길을
조용히 오르던 날,
구름은 내 발 끝을 품고
산은 그 품에 나를 안았다

지중해는 그 모습을 감췄고
바다는 구름 뒤에서 숨을 죽였다
아쉬움은 안개처럼 퍼지고
내 마음은 그 조차도 아름다웠다

그리고 그 숲에 섰다
천둥의 신, 제우스는
돌이 된 위엄 속에서
나는 오래된 시간을 마주했다

카메라 셔터소리 하나에
수천 년의 신화가
내 기억 속으로 들어왔다

순간은 짧았지만
감동은 영원하리

운무에 가려도
나는 보았다
신의 산이 내 마음에 남긴
빛나는 이야기여!

2025.4.19. 올림푸스산에서

에게해 발을 담그다

잔잔한 물결위로 번지는
노을 한 자락,
나는 고요히 에게해에 발을 담근다

찬란한 하루의 끝자락이
파도처럼 밀려와
내 마음 적신다

말없이 스며드는 차거움
노을이 물에 드리워
내 발 끝에서 심장으로
천천히 전해진다

세상은 잠시 멈추고
나는 그 순간
노을이 된다

물 위에 피어난
하루의 마지막 숨결

2025.4.20. 에게해에서

안개 속, 길 위에서

차창 밖
안개가 천천히 피어 난다
마치 바다의 숨결처럼
부드럽고 조용히,

보이지 않는 풍경이
더 많은 이야기를 건넨다
숨겨진 산, 초원, 멀어진 마을
그리고 지나온 시간들

이 길의 끝에서
이스탄불이 기다리고 있지만

지금 나는
안개의 품속에 잠겨
그저 '지금'을 따라 흐른다

보이지 않음이
때로는 가장 선명한
기억이 된다

2025. 4.21. 이스탄불 가는 버스에서

이스탄불의 마지막 밤

유람선은 빛의 바다 위를
천천히 흘렀고
갈매기들은 바다위를
힘차게 날아 올랐다

딸의 손을 잡은 내 마음엔
낯선 도시가 아닌 오래된
꿈 하나가 반짝였다

지하철이 처음 뚫린
이 대륙의 숨결을 따라
터널처럼 깊이 이어진
우리의 시간,

돌길 위로 나란히 걷던
발자국 마다
이스탄불의 밤은 금빛으로
물들었지,

화려한 거리,
찬란한 불빛들 속에서
가장 환했던 것은
딸의 웃음이었네.

2025.4.22. 이스탄불에서

파묵칼레의 추억

마치 계곡 위에
눈이 내린 듯,
목화송이를 뿌린 듯 했어요

바위위로 맑고
따뜻한 물 흐르고
많은 사람들이 족욕을하고,

딸과 함께 발을 담근체
코발트빛 하늘을 바라보며
참! 행복했었지요
내 생애 이렇게 행복한 날이 있었던가
돌아보게 되네요

파묵칼레는 오래전
목화를 재배하던 땅인데
화산이 폭발하여 형성된 곳이라네요

지구상의 모든 사람들이
파묵칼레를 찾아오니
얼마나 축복 받은 곳 입니까

지금도 눈앞에 아른거리는
그 순백의 파묵칼레
그립습니다

2025. 4.20. 파묵칼레에서

소금호수에서

바다인가, 호수인가
모래를 밟고 걷던 발 끝에
푸른 물빛이 스며든다

하늘도 호수도
온통 파란 숨을 쉬고
햇살아래 하얀 소금꽃이
눈부시게 피어난다

여기저기 터지는 감탄
바람에도 파문에도
맑은 탄성이 섞인다

신안의 태평염전이 떠올랐다
사람의 손길로 바닷물을 가두어
시간을 말리던 그곳과 달리

이곳은 저절로
하얀 천일염이 피어난다

호수가 건네는 축복에
가만히 발을 담그며
나는 부러움도, 경이로움도
온 몸으로 받아들였다

2025.4.22. 소금호수에서

피에로티 언덕에서

보스포르스 해협을 마주한 언덕,
홍차 한잔에 스민
낯선 사랑 이야기,

등나무 꽃 피어
고요히 나를 맞이하고,

케이블카 내려오는 길
숲속 무덤들
바람결에 흔들렸지요

그날 이후
이 도시,
내 마음에 오래 남았네

데브란트 계곡을 달리다

짚차는 먼지를 날리며
카파토키아의 숨결을 가른다
딸의 웃음이 바람에 실려
기억 보다 먼저 앞서 간다

기이한 바위들
그 안에 숨겨진 또 다른 세계
집, 학교, 교회, 수도원
돌 속에 뿌리내린 사람들의 시간들

저 바위 틈, 그늘 깊은 곳
로마의 칼날을 피해
하늘을 향한 기도가
숨어 울었을까

자연이 빚은 신비로움 앞에
말을 잃었다
지금, 이 순간
우리는 그들의 숨결 위를
함께 달리고 있다

2025.4.17. 데브란트 계곡에서

천년후의 책장 1

– 여는 말

에페소의 폐허 한가운데
돌기둥만 남은 고대 도서관
앞에서 발이 멈췄습니다
한 때 일만오천 권의
책이 숨 쉬던 공간,

지금은 침묵과 햇살만이 지혜를
지키고 있었습니다

그 순간 통도사 서운암의
수장고가 떠올랐습니다
지금 이곳에 쌓이는 만 권의
도서와 경전들,

백년, 천년이 지나면 무엇이
이곳에 남을까요?

책을 위한 기도,
말을 위한 침묵,
그 마음으로 이 시를 씁니다

천년후의 책장 2

에페소스의 돌기둥 아래
고대3대 도서관 셀수스
사라진 책들이 속삭인다

햇살보다 많은 말들
일만 오천 권의 숨결,

문득 뇌리에는 통도사가 스쳐 지나간다
산벚꽃 진 자리
서운암, 수장고 백만권을 품을
조용한 가슴 하나

몇 백 년 후,
그 장궤엔 무엇이 들까
경전일까
기도일까
우리의 사라진 이름일까

돌과 종이 사이
나는 손을 모은다
책을 위한
한 줄의 침묵

2025. 4.19. 폐허 속의 셀수스 도서관에서

아스펜더스의 아리랑

팔순의 봄날,
사랑하는 딸과 함께한
튀르기에 안탈리아,

햇살에 반짝이는 아스팔트와
천년의 숨결 간직한
아스펜더스 원형극장

딸이 일행들에게 말했지
"우리엄마 시 낭송가예요"
쑥스러운 웃음 사이로
모두의 눈빛이 나를 향했고
나는 마음 모아 "한강 아리랑"을 꺼냈다

루치아노 파바로티가
이 무대에 섰다지
그의 음색이 남긴 울림을 따라
나는 시를 노래했고
그 순간, 극장은
시간을 넘어선 고요로 물들었다

"아리랑 아리랑 아라리요"
그 한 소절을 부르자
마치 약속이라도 한 듯
모두가 함께 불렀다

우리의 입술과 마음이
하나되어 흐르던 그 멜로디
내 청춘도, 조국도,
한강의 물결도
그 자리에 앉아
숨죽인 채 귀 기울이고 있었다

그날, 그 자리
내 생애 가장 빛나고
황홀한 순간

시는 노래가 되었고
나는 다시,
가슴 뛰는 소녀가 되었다

히아라폴리스에서

하얀 계단처럼 쌓인
파묵칼레의 석회 언덕을 지나
나는 고대의 문턱에 선다
기원전 이 백년의 돌들이
햇살 속에 조용히 숨 쉬고 있다

부서진 돌 기둥 사이
사라진 신전의 이름을 묻는다
그들은 누구였을까
이 땅을 걷고, 기도하고
사랑하며 사라져간

돌 아래로 고요히 흐르는 시간
나는 오늘, 이방인의 발로
그들의 삶을 더듬는다

바람이 지나간다
어쩌면 그것은
어느 노파의 마지막 숨결
혹은 사랑을 속삭이던
연인의 음성

희아폴리스,
당신은 무너졌지만
기억은 이렇게
천년을 건너
나를 부른다

제3부

이야기할머니 오셨다

이야기할머니 오셨다

유치원 문을 열면
작은 발자국들이 먼저 달려옵니다
“이야기할머니 오셨다!”
환호성 속에
내 마음도 꽃처럼 피어나지요

열 해의 아침을
지각 한 번 없이 걸어 간 길
전래동화 속의 지혜와
선현들의 미담을 품고
나는 아이들 곁으로 갔지요

옛이야기를 꺼내어
아이들의 눈망울에 심을 때면
나는 이야기꾼이 아니라
그 자체가 이야기가 됩니다

삼백사십 편의 이야기
삼십사 곳의 웃음꽃
그 속에 나는 나를 키웠고
나도 어느새
하나의 아름다운 전설이 되었지요

지난해 가을,
감사패 한 개에
열 해의 봄날이 담겼을 때
나는 비로서
나 자신을 꼭 안아주었습니다

잘 했어요 참 잘 했어요
세상에서 가장 따뜻한
아름다운 이야기할머니
당신의 이야기는 끝나지 않았어요
오늘도 누군가의 기억 속에서
다시 피어나니까요.

혼불 문학관

겨울 초입에 다시 찾아온
혼불 문학관

예나 지금이나
변함없이 기다리고 있다

청호 저수지의
솟대도 저수지의 물결도
그대로다

문학관 입구에는
최명희 작가가
조용히 웃고 있다

거멍굴 사람들의
정령도 남원 벌을
맴돌고 있을지도 모른다

청암댁의 정령은
청호 저수지에서 맴돌고 있을까

나의 정령은
언제 어디쯤에서 맴돌고 있을까
내가 태어난 곳일까
아니면 바다가 환히 바라다 보이는
아버지 무덤가 일까

자꾸만 돌아보게 되는
남원 혼불 문학관
안녕을 고한다

2022.11.26.

개학 첫날

오늘은
한 달간의 방학 끝나고
어린이집 처음 가는 날
마음이 설레인다

아이들의 함성소리
"이야기 할머니 오셨다"
어느 아름다운 노래보다
더 아름다운 합창

"할머니가 달라진 것 같아요"
"뭐가 달라졌을까?"
"머리가 달라졌어요"
아이들의 눈썰미가 예사롭지 않다

"할머니 왜 한복 입었어요?"

궁금한게 많은 아이들
볼수록 예쁘고 웃음을 주는
천사들이다

2022.8.29.

문학기행

마지막 가을 속으로
아침 안개를 헤치고
'최명희'혼불문학관
남원으로 달려간다

차창 밖에는
가로수들이
안개에 젖고 있다

안개가 걷히면
겨울로 가는 걸까
다시는 올수 없는
안개 자욱한 이 길

회색빛 안개는
자꾸만 시야를 가린다.

2022.11.26.

남해 노도를 가다

설레이는 마음으로
백련항에서 노도 가는 배에 올랐다
하늘도 바다도 파아랗다
온 몸이 파란색으로 물들 것 만 같다
바다는 호수처럼 잔잔 하기만하다

"잔잔한 바다위에 저 배는 떠나가고
노래를 부르니 나포리라네"
불현듯 이태리 민요가 떠 오른다

5분여 만에 노도 선착장에 도착
눈에 먼저 들어오는 글귀
"우리말을 버리고
다른 나라말을 통해 시문을 짓는다면
이는 앵무새가 말을 하는 것과 같다"

조선시대나 현시대나
새겨들어야 할 소중한 글귀다

두 번째 만남은
서포 김만중의 유허비 외롭게 서있다

가파른 언덕 베기를 올라가자
마을 노인들이 평상에 앉아서
“어디서 왔능교”하고 물어신다
“부산서 왔습니다”
“그 먼데서 뭐하러 왔을꼬?”

“노도가 좋아서 왔습니다”
“그라므 좋은 공기 좀 사가시소”

사 갈수 만 있으면 좋겠다
앞으로는 공기도 파는 세상이
올지도 모른다는 생각을 해본다
왼쪽의 파아란 바다는
호수처럼 잔잔하다

산에는 동백나무 빗살나무 감나무 쥐똥나무
보라색 엉겅퀴 방아꽃도 노란색 황국도 반긴다

400여년전 유배길에 올랐던
서포김만중의 마음으로 비탈진 길을 오른다

남원 서도역

혼불의
무대가 되기도 한 서도역
철길과 오래된 기계들이
지난 시간들을 고스란히
간직 하고있다

이정표는 여수←서도→경성
경성까지 철마가 달렸을까
남원의 숨은 보석중 하나인
서도역

붉은 옷을 갈아입은
메타세콰이어의 곡선과
일자로 쭉 뻗은 철로의 평행선이
묘하게 이별이라는 슬픔을 가져다준다.

2022.11.26. 남원 서도역에서

명선도

태풍이 몰아치고 난 후의
바다가 보고 싶어
오랜만에 진하 바다로 갔다

모래사장에는
태풍이 건져 올린
쓰레기 더미가 반긴다
그 속에서 먹이를 찾는 비둘기들

바다가 소용돌이 칠 때 마다
황토색의 거센 파도가 휘몰아 친다
눈 앞에는 손만 뻗으면
잡힐 듯한 명선도

그리움으로 다가오는
그 사람

바다 위를 걸어서
그 섬에 가면 만날 수 있을까

2022. 9. 6.

진도 명량해협(울돌목)

2박3일 진도 여행길에 만난
울돌목
물길이 휘돌아 나가면서
바다가 마치 우는 소리를
내는 것처럼 들려 붙인 이름,

이순신장군 동상 앞에서
울돌목을 바라보니
물살이 회오리가 돌듯이
휘돌아 나간다

물살을 이용하여
13척의 배로 133척의
왜적을 물리쳤다는 울돌목

그때의 민초들의 삶을
어떠했을까
숙연해진다

세상이 천지개벽을 하여
명량해협 위에는

케이블카가 신바람 내며
오고 간다

다시는
이 땅에 전쟁이 없기를
두 손 모아 기원해보는
여행길이다.

2022. 4. 2.

미술관 자작나무숲

강원도 횡성군 우천면 두곡리 둑실마을에
위치한 미술관 자작나무숲
입구에 들어서자
알 수 없는 향내가 코끝을 스친다
몇 시간 달려온 피로가 사라지는 것 같다
잔잔한 고전음악이 흐르고
잔디밭에는 고양들이 꼬리를 흔든다
가까이 바라보이는 하얀 수피의
자작나무들!
자작나무숲속의 미술관
눈 속의 자작나무 그림들을 보며
겨울에 오면 좋겠다는 생각을 해본다
자작나무 숲 오솔길에는
야생화들이 객을 반긴다
알 수 없는 향내는 계속
코끝에 맴 돈다
이슬비는 내리고
딸과 사위 손녀 둘
무지개 빛깔 우산을 들고
신나게 뛰어 다닌다
자작나무를 바라보니

자작나무는 말 하는 것 같다
멀리서 잘 왔다고,
“사물은 우리들의 시선에 대하여
저마다의 시선으로 응답 한다”는
누군가의 말을 떠올려본다
스튜디오 갤러리에서
주인이 손수 만든
따뜻한 오미자차를 마신다
온 몸에 온기가 돈다
관람을 마치고 나오면서
향내에 대해 물었더니
입구에 있는 계수나무와
자작나무숲의 허브의 향이라고 한다
차속에서도 향긋하고
달콤한, 어릴 적 먹던 달고나 같은
향내가 계속 따라오고
하얀 자작나무숲이 아른거린다.

2022.10.9. 자작나무숲에서의 행복했던 날

육백 년 된 감나무

남사예담 촌에는
육백년 된 감나무가 있다

나무는 구멍이 숭숭 뚫려 있지만
높다란 가지 끝에는
주홍색 감이 주렁주렁 달렸다

아!

인간은 백년도 살지 못하는데
상처투성이
구멍 숭숭 뚫린 감나무는
육백년 동안 얼마나 많은
열매를 잉태 하였으며

얼마나 많은 사람들의
마음을 풍요롭게 하였을까

육백년이 아닌
천년의 세월을 살아서
많은 사람들의 마음을
더욱 풍요롭게 했으면 좋겠다

석화구이

여행의 묘미는
먹거리와 함께일 때
더욱 신바람이 난다

겨울비가 소리 없이
내리는 날
바다를 바라보며
석화구이를 먹는다

화덕에는 장작불이 활활 타고
굴 껍질을 까서
고추냉이 간장에 콕 찍어 먹는 맛

바다의 우유를 먹는다
이 포만감과 행복감

겨울날에는
합포만에서
석화구이를 먹어 보시기를

지리산 칠선계곡

골짝골짝 우렁차게
쏟아지는 물소리 듣는다

굴참나무 초록 이파리
도시락에 떨어져 내린다
반가운 손님이다

바위는 초록 융단을
덮어 놓은 듯 눈이 부시다

쉴 사이 없이
마주치는 물보라
수천수만 순백의
진주구슬을 만들고

눈도 마음도
보석처럼 빛나게 해주는
칠선계곡에 발을 담그니

물에 비친
노루 뿔 나뭇가지에 걸린 구름 몇 점
칠선녀의 환영인가

선녀의 옷자락 같은 흰 물결
곰이라도 오려는지 구름 그림자
어슬렁거리며 지나는 계곡에서

나는
정녕 행복한 여인이어라

송해 공원

송해 공원 옥연지
노란 보라 붓꽃
선생처럼 활짝 웃고 있네

이팝꽃은
어디론가 날아가고
하늘은 어쩜 이리도 맑은지

옥연지에서 쉴 사이 없이
뿜어져 나오는 하얀 분수대

민들레 홀씨
사뿐히 내려오다
마치 그분의 웃음처럼
함박함박 퍼지고

살아서도
만인을 즐겁게 하시던 선생님

그 이름만으로도
절로 웃음 짓게 하시네

월류봉을 바라보며

– 충북영동 월류봉

산봉우리가 아름다워
달도 머물다 간다는 월류봉

아!
여기저기 탄성이 나온다

낭떠러지 끝에는 월류정
그 아래로 흐르는 초강천

충청도 사람의 모나지 않은
성품처럼 산세가 부드럽고
물길도 유유하니

월류봉 바라보며
마치 신선이 된듯한데

산봉우리 보름달 뜨는 날
달이 속삭이는 소리 듣고 싶네

단양 고수동굴

상상도 할 수 없는
기나긴 세월 동안 생성된
종유석과 석순들

여기저기서
와! 하는 감탄사들이
터져 나온다

밖은 불 볕 더위인데
동굴 안은 피서하기 안성맞춤
철재 계단을 오르락내리락

가느다란 종유석과 석순이
위아래에서 마주하고
종유석에서 사랑의 눈물
똑! 똑! 똑!

아래에서 석순이
사랑의 눈물 받아 먹는다
얼마만큼 세월이 흘러야
둘은 만날 수 있을까

백년에 0.13cm 자란다는데
까마득한 세월이다

나의 귓전에 아직도 들려오는
종유석의 사랑의 메아리

똑! 똑! 똑!

2022. 8.20.

제4부

시간을 넘어 역사를 만나다

봉암사, 그 봄날

해마다 한 번
산문을 여는 봉암사

십 여년 만에 다시 오른 길목엔
연못이 숨 쉬고
황매화가 피어나
먼 길 손님 반긴다

희양산은 묵언으로 서 있고
계곡물은 더욱 맑아
바위 틈 진달래를 안고 흐른다

물 위로 비친 분홍빛 꽃 송이
선경이라 해도 좋을 풍경

공양 간 앞
긴 줄은 끝이 보이지 않고
장독대 위
비빔밥 한 그릇
쓱쓱 비벼 넣으니
세상맛이 거기 있다

등 접수대 앞
이제는 값이 정해진 인연
오만원 앞에서
발걸음 돌려
공양미 일 만원 어치 들고
대웅전에 삼배 올린다

무릎이 아픈 나이가 되어
절 하나에도 숨이 차다

눈을 들어 아래를 보니
하얀 등 사이사이
삼원색 등이 흐른다

하얀 등만 있던 그때가
문득 그리워진다

그리운 청령포

잠을 설치며
나루터에 도착 했건만
발이 묶인 배는 말이 없네

폭우로
서강의 물이 불어나서
청령포에 들어 갈수 없다는
해설사의 안내만이 안타까움을 더할 뿐

평소 물이 맑고 온순하여
헤엄 질을 해서도
건너 갈 수 있다는 서강은
황토 빛으로 세차게 흘러

지척에 두고도
물끄러미 선채로 바라볼 수박에,

십년이면 강산이 변한다는
세월을 두 번이나 흘려보내고
이제는 먼 길을 떠나버린
그와의 추억의 자리

사람은 가고 없어도 그 발자취를 따라
걷고 싶었던 청령포

언제 다시 만날 수 있을까
애 타는 이내 마음
강 건너 관음송에 전해나 본다

*청령포관음송:단종이 유배생활 할 때 두 갈래로 갈라진 소나무에
앉아 한양을 그리워했다는 전설 수령 600년 높이30m
둘레5m,천연기념물 제349호로 지정

시간을 넘어 역사를 만나다

– 조문국

고요한 들판에 숨은 역사
조문국의 흔적을 따라가네
바람이 속삭이는 곳,
옛 이야기 깃든 땅

왕의 꿈과 희망이
푸른 들녘에 흐르고
고분 속에 묻힌 비밀,
조상들의 비밀이 느껴진다

높은 산과 푸른 하늘
그림 같은 풍경 속에
조문국의 영광이 남아
후손에게 전해지네

유물 속에 담긴 이야기
신라의 꿈과 열망
그리움이 스며드는 이곳,
역사의 흐름을 기억하자

조문국의 발자취를 따라
우리는 다시 걸어가네
시간을 초월한 만남 속에서
조상의 지혜를 배우리라

2025. 3.16. 조문국 박물관에서

봄의 전령사

지리산 자락에서
노년을 보내고 있는
지인이 사진을 보내왔다

구례 산동면 산수유 마을의
만개한 노란 산수유
아지랑이처럼 눈앞에서
아른거리는 노란꽃
그리움이 묻어나는 산수유

당장이라도 달려가고 싶다
코로나로 인하여 발이 묶여
답사도 다닐 수가 없어
숨이 막힐 지경이다

언제쯤 마음대로 다닐 수 있을까?

서출지를 바라보며

1600여 년 전의 연못인
소지왕의 설화가 서린
서출지 벤치에 앉아
오월의 훈풍을 맞고잇다

연못 속에는 연잎과 창포가
훈풍에 너울너울 춤을 추고
남산도 살며시 내려와
편안히 쉼을 한다

뒤따라 빨강 초록 초파일 등도
연못 속에서 출렁거린다

퇴락해 가는 이요당 주변의
팽나무 벚나무 배롱나무 잎들은
청춘처럼 푸르름이 짙어가고

아름다운 오월의 풍광을 바라보는
노년의 쓸쓸함은 이요당을 닮아 가는가.

2023. 5.27. 경주 서출지에서

권정생 선생님

꼬불꼬불 시골길을 따라
권정생 선생님 만나러 간다

집 입구에 선생님의 초라하고
희미한 피골이 상접한 사진
가슴이 쓰리다

봄날의 산천은 이리도 고운데,
흙집은 곧 쓰러질 것만 같다

찢어진 문틈으로
방안을 들여 다 본다
낡은 책 몇 권
선생님의 검소하고
소박함이 묻어난다

그 옆에
권정생 선생님이 희미하게
웃고 계시는 봄날!

선생님! 안녕하세요?
언제 또 올지 알 수 없지만
안녕히 계십시오

민들레 홀씨 날리는 날에

2023. 4.23.

문화공감 수정

어릴 적 가 보고 싶었던
적산가옥에 70여년 만에
방문하게 되었다

1939년에 건립된 목조 2층 기와지붕 건물
해방이후 정란각이라는
고급 요정이었다

초등학교시절 친구네
다락방에서 훔쳐보던
2층 적산가용 정원에는
예쁜 꽃들과 수목들과
아직도 선명하게 떠오르는
언제나 예쁜 원피스를 입고
넓은 정원에서 뛰어 놀던
쌍둥이 여자 아이는
우리들의 부러움의 대상이었다

지금은 그때의 넓은 정원은 아니지만
가라스 문과 길게 뻗은 마루 다다미방과 오시리이(벽장)
적산가옥에서 태어나고 자란
나의 눈에는 파노라마처럼 펼쳐진다

햇빛이 가라스 문을 통하여
다다미방으로 투영된다

냉커피를 마시고
다다미방에 등을 뉘어 본다
아픈 역사의 공간이
치유의 공간이 되었다
어린 시절을 추억 할 수 있는
문화공감'수정'으로 남아 있어
얼마나 다행하고 감사한지..
가끔 들러서 힐링 할 수 있는 공간이라서 좋다

절구질하는 여인

– 이건희 컬랙션 위대한 여정

박수근 화백의 작품
[절구질하는 여인] 앞에 선다
두 번째다

여인은 아기를 업고
두 발은 땅을 힘껏 딛고
왼손은 절구통을 꽉 누르고
오른 손으로 절구질을 한다

문득 내 어릴 적
흑백 속의 광경이 떠오른다

한 어머니가 아이를 업고
머리 위에는 유리로 된 한 되짜리
간장병을 이고는 흔들림 없이 걸어가고 있었던
광경이 70여년이 지난 지금도 영화의 한 장면처럼
선명하게 떠오름은 어인 까닭일까

'손이 모자라는 어머니는
허리 흔들림으로 균형을 잡으며
걸었다'

[허만하] 시인의 '길'이라는
시 속에서도 등장하는 어머니

절구질 하는 여인 앞에 서면
아련히 떠오르는 얼굴
어머니, 어머니!

왜 미인도에 열광 하는가

'붓끝은 능히 만물의 초상화를
그려내 준다'

목화꽃 한 아름 머리에 인 듯
풍성한 타래머리
한 올 한 올 노리개 끝 옥색 실

이리도 붓끝이 섬세하고 정교한가

딱 달라붙은 저고리
깃과 진동은 검정
소매 끝동은 옥색
주름주름 흘러내린 쪽빛 치마

조선시대 기녀의 옷차림이 분명 하건만
다소곳하고 아름다운 용모는
대갓집 규수와 다를 바 없네

가녀린 뒤 목덜미
흘러내린 머리카락
왼쪽 치맛자락 사이로
살포시 나온 버선발

이 모든 것에 흐르는 관능미
[미인도] 앞에 선 모든 사람들의 마음을
설레게 하네

화개 만국춘

– 꽃이 피어 온 나라에 봄이네

간송이
도예가인 정규와 함께 직접 빚었다는
[화개만국춘]

-꽃이 피어 온 나라에 봄이네-
봄처럼 따뜻하고 꽃피는
태평성대를 바라는 마음이었으리

간송의 작품들로 꾸며진
간송의 방에는
선생의 성품이 느껴지는
화개만국춘을 비롯한 귀한 도자기와
선생의 유품을 전시하고 있었다

문화독립운동가 [간송전형필]
그가 없었다면 오늘날
신윤복의 그림세계나
우리의 문화유산 등
훈민정음해례본의 실물을
가히 눈앞에서 만날 수 있었을까

후손들에게 남길 수 있도록
문화재를 잘 보존해 주신
간송 전형필선생님의 그 감사함에
걸음걸음 감탄 한다

가을이 깊어가는 날
간송미술관에서
우리 문화의 자긍심이 올라간
문학기행이였다

수집: 위대한 여정

– 이건희 컬렉션

‘이건희’컬렉션

위대한 수집가가
존재하기에 우리는 편히
멀리 가지 아니하고도
세기의 명작들을 감상 할 수가 있다

박수근, 이중섭, 김기창, 김환기, 천경자, 박래현등등

“문화유산을 모으고 보존하는 일은
인류문화의 미래를 위한 것으로
우리 모두의 시대적 의무라고 생각한다”
고 이건희 회장의 말씀이다

2만여점의 소장품을 기꺼이 기증한 이건희 회장은
우리 시대만이 아닌 미래의 위대한 영웅이다

2020.1.11. 부산시립미술관에서

창녕고분군에서

아카시아꽃잎
흩날리는 오월

눈앞에 펼쳐지는
초록의 고분이
고고 속에 누워있네

지천으로 피어있는
크로버 꽃 위에 살포시 누워
눈이 부시도록 파아란 하늘을
바라보고 파

어릴 적 수원지 들녘에 앉아
꽃목걸이를 만들어 주던 언니는
어느새 구순을 바라보는
할머니가 되어버렸네

－세월을 돌려서
그 시절로 돌아갈 수 있다면－

부질없는 생각을 해 보는
오월 어느 날

바람 불어 좋은 날

누구라도 쉬어가라
편안하게 놓여있는
나무탁자에

동행한
포도와 보리떡을 올리고
커피를 마신다

때마침 불어오는 바람
무작정 풍경소리 청아 한데

거미가 가느다란 은사로
지어놓은 처마 끝 거미집에

인연 따라 지나던
풍경소리 잡혀 버렸나

무작정 아래 마당 회화나무
돌아온 바람에

댕그랑 댕그랑
가을도 깊어가고
우리의 마음도 깊어간다

제5부

빗살무늬를 만나다

따오기의 노래

어릴 적
따라 부르던 따오기 노래

“따옥 따옥 따옥 소리 처량도하다
내 어머니 가신 나라 해 돋는 나라“

기억에도 희미한 엄마는
해 뜨는 나라에 계실까

해 돋는 곳 바라보던 어린 시절
엄마가 보고프면 따오기 노래를 불렀다

몽글 몽글 엄마 생각 잊으려
소리 높여 불러보던 따오기 노래

수십 년 지난 오늘
동백섬 운동 중에 드디어 만났다

가슴이 뛰었다
내 생애 처음 만난 따오기

덤덤한 줄 알았는데
왈칵 밀려드는 어머니 얼굴

따옥따옥 따. 옥.
따라오는 길

바다위의 또 바다

해가 떠오르기 직전
수평선은 붉게 물들고
수평선 위에 또 다른 바다

나의 마음 따뜻하니
너의 마음 따뜻하고
서로가 서로를 닮아
스미듯 다가가는 삶

하늘은 붉게 물 들어가고
괭이갈매기 높이높이
날아오르는 아침

점점이 생겨나는
섬 섬 섬,
파도는 쉼 없이
밀려왔다 밀려 나가며

쏴아 쏴아
모래 벌에 많은 사연
토해 놓는다

찔레꽃

갈맷길 갯바위에
하이얀 찔레꽃
환하게 미소 짓고 있다

하얀 포말이 들려주는
노래 소리에
하얗게 하얗게
피었을까

우리 엄마
모시치마를
펼쳐 놓은 듯

순백의 하얀 찔레꽃
엄마 생각에 눈시울이
뜨거워진다

서생포 왜성

사명대사가 네 차례에 걸쳐
〈카토키오마사〉와
강화회담을 한곳으로 유명하다

성곽은 특이하게
외성과 내성으로 만들어져 있다
저 높고 단단한 성을 쌓기 위해
조선의 민초들이 겪었을
땀과 피눈물을 생각하니
마음이 아려온다

전쟁을 지휘했다는 천수각의
초석은 남아있지 않으나
3층 높이의 규모로 보고 있다

임진왜란의 전초기지였던
나고야성의 천수각을 생각해보며
이곳의 천수각도 화려했을 거라는
생각이 든다

왜군이 철수하면서
서생포왜성을 쌓을 때 동원된
조선기술자들을 데려가
구마모토성을 쌓는데 이용했다고 하니
당시 일본인들의 지독함을 뼛속 깊이 느끼며
이 땅에 다시는 전쟁이 일어나지 않기를 염원한다

– 서생포왜성, 1584년 (선조17년)

고운최치원을 찾아서

고운최치원 선생께서 올랐을 아늑한 길을
오늘은 내가 걷고 있다

간밤에 비바람 그리 불더니
붉은 동백꽃 댕강댕강 지고 있다

떨어졌지만 생생히 살아 있는 모습
마치 고운 선생의 마중인가

그 옛날의 오르막을
오늘 내가 오르는 길에
조심히 오라고 붉은 꽃 양탄자
곱게 깔아 주시었나

해운대의 아름다운 풍광을 노래하고
그 이름 새기신 선생께서는
오늘도 푸른 공원 위 높이 앉으시어
비경에 젖어 시를 노래 하시는가

내딛는 걸음마다 묵은 찌꺼기도 씻기어
숨은 차지만 마음만은 구름처럼 가볍네

파도가 쉬어가는 너른 바위에는
오늘도 해운대를 환호하는 사람들의
발걸음이 잦으니

고운 선생께서도 흐뭇하실 듯하다

해운대 갈맷길

이른 아침
보드랍게 감싸는 태양과
나란히 걷는 길

온 몸을 데우는 비타민
레몬 빛 햇살 눈이 부시다

갯바위에
하얀찔레 분홍메꽃
인동초 갯까치수염

파도소리 벗 삼아
피어나는 길가에
뽕나무 빨간 오디 까맣게 익어가고,

해국도 가을날 청초한
꽃을 피우기 위해
바다 소리에 귀 기울인다

봄의 끝자락에서
나는 가을을 생각한다

날마다
바다소리 들을 수 있음은 축복,

나는 오늘도
축복 속을 걸으며
축복을 듣고 있다

일광면 이천항

화련한 벚꽃 무리
속절없이 사라지고
연초록 얼굴을 내민다

도시의 냄새가 나는 향긋한 카페들과
비릿한 생선 말린 어촌의 냄새가
이색적인 포구마을

일대는 오영수의〈갯마을〉영화가
촬영된 곳이기도 하다

이백년 넘은 당산나무가 마을을 지키고
당산나무 그늘 아래 당집 벽에는
영화〈갯마을〉장면이 생생하다

성황당과 영화 포스트,
해순이와 갯마을은 어쩐지 닮아있다
파도는 철썩철썩 바다를 때리지만
벽화 속 주인공의 미소는 고요하다

긴 빨랫줄에
빨간 고기 스무여 마리
해풍에 말라가고
어촌 마당 곳곳 미역이 길게 누운
포구의 한낮

등대는
젊은 낚시꾼들을 모아놓고
이을포의 이야기를 들려주고 있었다

공수포구에서

외롭고 힘든 시절
나의 친구가 되었던 공수포구,

남편이 운영하던 냉동선박을
송두리째 잃어버리고
새 삶을 찾아 도시로 떠나며
돌아보고 싶지 않았던 공수포구

40여년이 훌쩍 지난 오늘,
나는 여기 서있네

그 옛날의
작고 정겹던 집들은 사라지고
현대식 건물만이 가득한 포구

갯바람에 발이 묶여
정박한 낚싯배들이 일렁이는데

빨강 등대위로
갈매기는 쉼 없이 날아오르고

바람 부는 방파제
늙은 부부앉아 세월을 낚고 있는
공수포구에서

바다에 던지는 미끼처럼
옛이야기 던지며 이제는 웃고 있네

동백섬의 봄

동백교 아래
지난겨울 왔던 물닭
갈매기와 헤엄 질 한다

나뭇잎들은 춘 유록색으로
얼굴을 내밀고
직박구리 동백꽃 꿀을 먹고 있다

동박새는 보이질 않고
직박구리 소리에
동박새는 날아갔을까

왜가리 까치 까마귀
분주히 나뭇가지 들을
물어 나른다

새들도 봄단장을 위해
새로운 둥지를 만드나보다

송림 숲에는 겨우내 움츠렸던
수국 잎들이 어제 내린 비로

초록초록 반짝이는
동백섬의 봄날.

2023. 4. 6. 동백섬에서

남해바다

잔잔한 남해
쪽빛 바다 미동 없이
푸르기만 하다

미동 없으니
파도소리도
하얀 포말도
보이질 않네

남해 쪽빛 바다에
파도 소리 들리면
포말도 쪽빛으로
철썩거릴까

2022.10.28.

파도야 노래를 불러라

파도가 철썩철썩!
노래를 부르며
포말과 함께 밀려온다
가만히 수평선을 바라본다

모래톱이 발가락 사이사이를
간질이며 지나간다

이 시원함
경험해 보지 않으면
아마 모를꺼다

파도는 쉼 없이 노래를 부른다
파도야!
너는 바다의 노래를 불러라

나는 춤을 출것이다
얼씨구나 절씨구
얼씨구나 좋다

겨울나기

해운대동백섬 송림공원에는
겨울나기가 한창이다

키 큰 토종 동백나무에는
볏짚으로 만든 셔츠와 스커트
자연산 소재로 만든 명품 옷이다

수국 화단에는
냉해를 방지하기 위해
볏짚 울타리가 만들어져있다

수목들이 겨울을
어떻게 견딜까
걱정하지 않아도 되어 기쁘다

겨울을 잘 견디어서
내년에는 보라 분홍 하얀 핑크 빛의
아름다운 꽃을 피워서
많은 사람들이 행복 할 수 있도록
부탁할께!

비둘기 까치 까마귀도
겨울을 나기위해 부지런히
모이를 찾아 나선다

지금 동백섬 송림공원은
겨울나기가 한창이다

2021.12.20.

새벽을 열다

하늘도 바다도 함께
새벽길을 걷는다

하늘에는 하현달
백사장에는 갈매기 까마귀 비둘기
사이좋게 먹이 감을 찾느라 분주하다

상현달, 보름달, 하현달
쉬임없이 되풀이 되는
우주 법칙 속에
인간은 누구나 죽음으로 가고 있다

과연, 윤회란 존재하는 걸까

2021.11. 3. 해운대 바닷가에서

동백섬에 부는 바람

파도 끝에 앉아
동백섬을 바라본다
해 질 무렵 붉게 물든
그 꽃잎처럼
작고 단단한 그리움 하나

바람은 오래된 이야기를 싣고
소나무 숲을 스치며
파랗게 흔들린다
누구의 발자국일까
돌길 따라 쌓인 시간들

겨울에도 지지 않는 꽃
동백은 묵묵히 선다
해운대 바다를 지키는
작은 불꽃처럼
가만히, 그러나 뜨겁게

도모헌에서(1)

병꽃 나무 붉은 입술 사이로
봄바람이 시처럼 흘렀다
조팝나무 잔꽃 무리
구름처럼 피어오른 숲의 숨결

소나무 그늘진 벤치에
지인들과 마주앉아
시는 노래가 되고
노래는 바람을 타고 퍼져갔다

한때 권위의 상징이던 이 공간
이제는 꽃과 책과 커피 향으로
시민의 품에 안겨
평화로 피어났다

가슴 한켠 치밀던 울분도
꽃잎 위 이슬처럼 쓰며 사라지고
우리는 그 자리에서
서로의 목소리로 봄이 되었다

2025. 5.21. 도모헌에서

모래위에 새긴 아리랑

– 해운대 모래축제20주년

동백섬 체조를 마치고
나는 모래의 시간 속으로 걸어들었다
스무 해를 견딘 조각들이
파도와 바람 사이에 무언가를 속삭였다

단군 곁엔 곰이 앉아있고
세종은 묵묵히 하늘의 소리를 품고
이순신의 칼끝엔 모래의 불꽃이 피었다

대장금의 눈빛엔 조선의 손맛이
마이클 잭슨의 뒷걸음엔
전세계가 함께 웃는 리듬이 남았다

하늘빛은 청명했고
멀리 오륙도가 아득하게 다가왔다
에이팩 정상회의의 기념에서
시작된 이 축제,
이젠 세월의 풍경이 되어
우리 곁에 남았다

나는 오늘
모래 위에 나만의 아리랑을 새긴다
사라질 것을 알면서도
다시 피어나는 것들의 이름으로

빗살무늬를 만나다

뿌옇게 여명이 시작된다
서서히 드러나는
박쥐문양과 꽃잎 문양들

밤을 지키며 예술을 낳은
갈매기나 바다 비둘기들의
흔적이다

이들의 발자국을 좇아가다
또 다른 예술,
빗살무늬를 만난다

긴 파도를 빗는 바람의 참빗은
모래도 가지런히 빗어 놓았다
자연의 신비로움이다

옛 선조들의 토기에 그려진
빗살무늬와 닮았음에 놀랍다

먼 옛날과 오늘을 잇는
보이지 않는 연결고리가
바다의 무늬를 옮겨놓았나

잠시 석기시대를 더녀온 듯
파도가 발등을 스쳐 갈 때의
상쾌함은 나를 미소 짓게 한다

나는 오늘도 빗살무늬를 만난다

2023. 8.21.

제6부

민들레 홀씨 등불 밝히다

무명도공의 묘(2)

가마가 식은 골짜기,
이마리 뒷산에 바람이 분다

조선에서 건너와
자기 한 점 굽고 사라진
도공들의 이름, 그 수 880

이름 없는 비석이 하나 둘
돌탑처럼 쌓였고
그 무게만큼 침묵도 무겁다

그들 곁엔 지장보살님이
두 손 모아
말 없는 자들의 설움을 듣는다

아무도 기억하지 못한
불빛 속의 손길들
그 안에
찻잔도, 꽃병도, 망향도 있었으리

나는 비석 아래
말없이 섰다
그들의 조국에서 온 한 사람으로
무거운 절도 감히 하지 못한 채

돌 사아로 스며든
한숨이 있었고
그 한숨을 따라
연꽃 하나 피어나고 있었다

도자기마을 오카와치야마

사가현의 이마리시에 위치한
도자기마을 주차장에 내리니
마치 오지에 온 것 같이
바람이 서늘하다

한편의 산수화를 보는 듯
큰 바위들이 병풍처럼 둘러쳐 있고
바람이 불 때 마다 도자기로 만든
풍경들의 청아한 소리 귓속을 맴돌며
마음속 묶은 찌꺼기가 사라지는 듯하다

조선의 도공 이삼평이
임진왜란 때 잡혀와 뿌리를 내려
일본 최고의 도자기를 만든 곳
가슴이 벅차오르고 슬픔이 밀려오기도 한다

이름 없는 수많은 도공들이
잠들었을 이곳
얼마나 고국산천이 그리웠을까

2023. 6.22.

란푸 호텔 528호

일본여행 첫째 날
나고야성에서 가까운
란푸 호텔 528호

첫눈에 보이는 것은
다다미방에 정갈하게
깔아 놓은 이부자리였다

얼마 만에 보는 다다미방인가
적산 가옥에서 태어나고 자란
나에게는 다다미방에 대한
향수 때문에 순간 가슴 뭉클했다

크다란 창문으로 조망되는
호수처럼 고요한 청자 빛 바다
해운대는 철썩철썩
파도와 잘 놀고 있겠지

대한해협을 건너온
첫째 날 밤은
아주 먼 추억을 떠올리며
달콤한 숙면을 취할 수 있을 것 같다

2023. 6.22.

민들레 홀씨 하얀 등불 밝히다

– 나고야 성 가는 길

하까다 항에서 관광버스를 타고
나고야성을 향한다

길은 조용하고
차량들은 분주히 오가는데
경적소리 한번 울리지 않고
사람들도 보이지 않는 마을
질서정연한 전통가옥들이
정지된 듯 고요한데
집집마다 하얀 커튼으로 가려져 있다

일본 사람들은 타인에게
집 내부가 보이는 것을 아주 싫어 한다고 한다
'패쇄적이거나 독립적인'

하얀 뭉게구름에 푸른 바다
우리를 태운 관고아 버스는
붉은 히라도 현수교를 지나간다

대자연은 이렇게도 고요하고 아름다운데
역사의 소용돌이를 생각하며
가슴 한 쪽이 씁쓸하다

나고야에 도착 할 때 까지
한사람도 보질 못했다

모두 어디로 간 것일까
이해 할 수 없는 나라 일본,
사람들도 섬처럼 산다.

나고야 성터

임진왜란의 전진기지였던
나고야 성터

오랜 세월을 말해주는 짙은 수목들 사이
멀리 바라다 보이는 바다와
옥빛 하늘이 묘한 조화를 이룬다

이런 아름다운 곳이
조선을 침략한 전지기지였다니
'자연이 인간보다 우월하다'

가까이 이끼섬도 보이고
대마도도 보인다

왜군의 전초기지 나고야 성터에
어린 소녀를 닮은 크로버 꽃이 피었다
무지막지한 군화 소리에 짓밟히는 소리 들리는 듯 한데
하얗게 웃고 있는 크로버는 그날을 잊은 듯
나그네를 반긴다

내 고향 언덕에 피었던 크로버과 같은 꽃
목걸이와 반지를 만들어 끼던
평화롭고 아름다웠던 추억이
파노라마 처럼 스쳐간다

세월은 흘러 전쟁을 위한 작전기지에도
평화의 꽃은 피고 있었다

황금다실

때로 여행의 묘미는
예기치 않은 것을 만나는 일이다

황금다실 앞에서니
금빛 찬란함으로 눈이 부시다

풍신수길이 관백이 되었던
1585년에 이 다실이 사료에
등장되었다고 한다

〈황금다실〉은
히데요시 스스로의 권위와 재력을
드러내 보이는 '무대장치'였다고 한다

다실은 3첩 크기로
기둥을 비롯한 모두가 금이고
장지문은 붉은 비단 문사로 입혔으며
다다미는 진홍색 모직물이 씌워져 있었다

풍신수길의 화려한 취향에 맞게
탁자, 풍로, 물항아리, 다완, 국자등
모두 금으로 만들었다

다도의 조용함과 다실의 화려함이
황금다실이라는 이중적 공간으로
그를 말하고 있었다

* 도요토미 히데요시(풍신수길)
복원시기 : 2022년 3월
사용금박 16,500장, 금박순도 98%
장지문 소재 : 얇은 비단, 다다미 소재 : 모직물

민들에 홀씨 하얀 등불 밝히다

대한해협을 건너온
여행의 피로를 풀기 위해
노천 온천에 몸을 담군다

대나무 숲으로 둘러 쌓인
온천탕에서 모락모락
물안개 피어 오른다

희미한 백열전등 아래
앙증맞게도 돌틈 사이
민들레 홀씨 한 송이

누구를 위하여
하얀 등불을 밝히는가

2023. 6.22.

정영자

문학평론가. 한국문인협회 고문

국제펜클럽 한국본부 고문

항상 밝은 기운을 쏟아 내며 주변을 편하게 하는 어린이의 친구, 이야기 할머니 박덕희 시인은 설화적인 매력을 술술 풀어서 사회와 사람들을 위무하고 즐겁게 하는 예인이다. 인문학적 발끝의 문화 탐방을 즐기며 그 즐김을 혼자의 것으로 자족하지 않고 시적 형상화 혹은 낭송의 기법으로 대중성을 확보하며 표현과 연출에 뛰어난 자질을 가지고 있는 시인이다. 나의 감격에서 너의 감격으로 확대하는 역할에 맞춤형의 시인이라고 부를 수 있다.

부산시 초량동에서 출생하여 2015년 문학계간지『여기』에 시인으로 등단하여 그 동안 시인. 동화구연가, 시낭송가로 활동하여 왔다. 특히 한국국학진흥원 소속 아름다운 이야기할머니로 10년 동안 활동하며 유치원 원아들의 할머니로 인기를 누리며 이야기꾼으로서의 능력을 발휘하였다.

현재 (사)부산여성문학인협회 회원, 물소리 시극단 단원, 해운대문인협회 회원으로 활동하며, 제8회 전국꽃문학상(2018), 제6회 영남문학상(2022), 제16회 한국시낭송상(2022)을 수상하고, 시집『사람꽃 만나러 간다(2020)』,『비워서 가득한(2022)』을 발간하였고 2025년 세 번째 시집『아스펜더스의 아리랑』을 상재한다.

그는 늘 길 위의 인문학을 즐기고 실천한다. 국내여행은 물론이거니와 기회가 되는대로 해외여행을 한다. 그리고 살고 있는 해운대의 풍광과 사람과 생명들을 사랑한다. 이 번 시집은 팔순기념으로 딸과 떠난 터키여행을 중심으로 전라도, 봉암사, 청령포, 권정생생가, 창녕 등과 대구 간송미술관 관람까지 다체롭게 전개되고 있다.

그의 문화탐방 시리즈인
발끝에서 떨어진 시의 내용을 모운 시집이다.

1. 발끝에서 일어나는 시의 서사, 그리움

아스펜더스 원형극장은 2000년전에 만들어진 로마식 고대극장으로 수용인원은 2만명이다. 당시 음향시설이 없었지만 바다와 바람의 방향 등을 참고한 과학적인 구조로 만들어서 객석 맨 끝까지 잘 들린다고 한다. 지금도 오페라와 발레 축제가 매년 열리는 단단하고 견고한 장엄미를 가진 고대 건축미의 절정을 보여주는 원형극장이다.

터키 안탈리아는 1500년 가까이 그리스와 로마제국의 지배를 받았지만 문화포용정책으로 원형을 유지하고 있다. 로마황제 마르쿠스 아우렐리우스 재위시대인 2세기에 건설된 고대 원형극장 아스팬도스는 로마는 살아 있다는 느낌을 받는다. 전해 오는 14개의 원형극장 가운데 원형이 가장 잘 보존된 곳이다. 지금도 관람석 의자 몇 개가 교체된 흔적만을 남기고 관광객들이 2000년이 넘는 유물을 마음대로 만질 수 있는 곳이다. 오래 전에 이렇게 넓은 장소를 지어 시민들에게 다채로운 예술적 미감을 줄 수 있었던 것이다.

음향시설을 설치하지도 않았는데 연기자의 목소리가 객석 구석구석까지 전달된다고 하니 당대로마인의 건축술이 놀랍기도 하거니와 넓은 공간의 돌 의자에 앉아서 공연을 즐긴 터키인들의 예술적인 낭만이 부럽다.

팔순의 봄날,
사랑하는 딸과 함께한
튀르키에 안탈리아,
햇살에 반짝이는 아스팔트와
천년의 숨결 간직한
아스펜더스 원형극장
딸이 일행들에게 말했지

"우리엄마 시 낭송가예요"
쑥스러운 웃음 사이로
모두의 눈빛이 나를 향했고
나는 마음 모아 "한강 아리랑"을 꺼냈다

루치아노 파바로티가
이 무대에 섰다지
그의 음색이 남긴 울림을 따라
나는 시를 노래했고
그 순간, 극장은
시간을 넘어선 고요로 물들었다

"아리랑 아리랑 아라리요"
그 한 소절을 부르자
마치 약속이라도 한 듯
모두가 함께 불렀다
우리의 입술과 마음이
하나되어 흐르던 그 멜로디

내 청춘도, 조국도,
한강의 물결도
그 자리에 앉아
숨죽인 채 귀 기울이고 있었다
그날, 그 자리
내 생애 가장 빛나고
황홀한 순간
시는 노래가 되었고

나는 다시,
가슴 뛰는 소녀가 되었다

– <아스펜더스의 아리랑> 전문

한석산 시인은 전쟁, 평화, 통일, 민족사를 주제로 한 호국 시詩를 주로 짓는 시인이다. 민족의 혼을 깨우는 역사와 문학적 소양을 찬양하는 이 시대의 시인이다. 그래서 그의 詩들은 전국 시 낭송 대회에서 대상을 비롯하여 금상 은상 동상 등을 휩쓸었고 국가기관 주최 행사와 일반 시 낭송 행사에 전국적으로 낭송되는 대표적인 애송시들이 많다. 그의 시 〈한강 아리랑〉도 많은 독자나 시 낭송가들이 좋아하는 시 가운데 하나다. 먼 여행길에서 뜻하지 않게 시낭송을 권유받자 그 유명한 아스펜더스 원형극장에서 박덕희 시인의 굵고 장엄한 음색은 울려퍼진 것이다. 세계적 명소에서, 파바로티가 노래를 불러 더 감동적이든 곳에서 그는 체화되어 있던 〈한강 아리랑〉을 완벽하게 암송하였던 것이다. 동행은 물론이지만 자신마저 전율하는 순간을 가지며 일생 일대의 행복한 날을 창조한 것이다.

천년을 흘러도 한 빛깔, 물 파랑 쳐 오는
갈기 세운 물소리 조국의 아침을 깨운다.
한강 1300리 물길 하늘과 땅 이어주는
구름 머문 백두대간 두문동재 깊은 골

뜨거운 심장 울컥울컥 꺼내놓는
용틀임 춤사위
우리 겨레의 정신과 육신을 가누는
민족의 젖줄 한강 발원지 여기 검룡소.

(중략)

대한민국 서울 기적이룬 한강
굴절된 역사의 아픈 눈물 삼키며 제 몸 뒤집는다.
이런 날에 우리 다 같이 부르는 가슴 벅찬 아리랑
아리랑 아리랑 아라리요
아리랑 고개를 넘어간다.
우리 가는 곳 어딘지 몰라도
가버린 것들은 허망하게 아름다운가.

(하략)

— 한석산시인의 <한강 아리랑>에서

생각해 보자.

조국의 아침, 1300리 물길의 한강의 기적까지 소환하며 우리의 가락 '아리랑'을 이국 만리 그 엄청난 문화의 보고 유적지에서 다 함께 불렀으니 얼마나 감격이었겠는가.

한 사람의 재치와 묵직한 나라 사랑이 시낭송으로 울려 퍼졌으니 대단한 기회였으며 낭송가로서의 품위를 한껏 보여준 쾌거였다. 박덕희 시인은 시의 치유를 통하여 민족애로 뭉친 한국인의 자부심을 심고 온 것이다. 여기에 시 한 편까지 남겼으니 평생 잊을 수 없는 추억을 2025년도 팔순 기념에 딸과의 동행에서 깃발처럼 세우고 귀국하였다. "아리랑 아리랑 아라리요"의 즉석 합창을 만들어 낸 것이다. 시를 원용한 조국과 민족애의 가슴 저리도록 찬란하고 깊고 끈끈하게 물결치는 역사를 만들어 낸 것이다.

시 한편의 창작은 물론 시의 소재로 차용된 〈한강 아리랑〉이 이렇게 멋지게 소환되었으니 연설이나 요설만 난무하는 정치인이나 정치 평론가의 토론보다 훌륭한 표현을 한 것이다.

에페소스의 돌기둥 아래
고대3대 도서관 셀수스
사라진 책들이 속삭인다
햇살보다 많은 말들
일만오천 권의 숨결,
문득 뇌리에는 통도사가 스쳐 지나간다

산 벚꽃 진 자리
서운암, 수장고 백만권을 품을
조용한 가슴 하나
몇 백 년 후,
그 장궤엔 무엇이 들까

경전일까
기도일까

우리의 사라진 이름일까
돌과 종이 사이
나는 손을 모은다
책을 위한
한 줄의 침묵

(2025. 4.19. 폐허 속의 셀수스 도서관에서)

— <천년후의 책장> 전문

역사 속에서 살아남은 흔적은 모두 유적이며 인류의 보배다. 필자가 26년전에 에페소스를 여행할 때 로마보다 더 로마답고 그리스보다 더 그리스다운 다양한 문화를 보았다. 2000년 역사를 담고 흩어져 뒹굴던 유적의 조각들을 보면서 터키, 그리스, 로마도 모두 훌륭한 문화를 가진 선진국임을 인정하며 고개 숙였던 추억이 있다. 신화, 역사, 건축, 문화가 어우러진 고대유산은 기둥 몇 개, 주춧돌 몇 개만 남아 있었지만 서기 2세기에 이미 도서관을 건립하며 인재 양성에 힘을 기울린 민족이었다.

2000년전 에페소스의 고대 도서관 셀수스의 돌기둥만이 남아 있는 전경을 사라진 책이 속삭인다고 표현한 시인은 일만오천권의 장서를 소환하며 햇살보다 많은 말과 책들의 숨결을 노래한다. 많은 지식과 지혜와 함께 미덕을 인문학의 근본으로 삼은 그들의 지성에 최대의 경의를 형상화시키며 현대인들이 잃어 가고 있는 한 부분을 노래하고 있다.

그러나 터키의 고대 도서관만을 찬탄하는 것이 아니라 현재 통도사에서 백만권 책 모으기 캠페인을 상기하며 이미 백만권의 책을 모아 수장고를 품을 오늘의 도서관에 대한 웅장하고 폭발적인 책의 보물덩이를 말하고 있다.

이미 우리들은 통도사 백만권 책 모우기를 성공시키는데 작은 돌 하나 얹으며 동참하였기에 자연스러운 댓귀를 이루는 시 한 편을 마무리할 수 있었던 것이다. 단단한 천년의 돌과 사라진 책을 생각하며 합장하는 시인의 시적 표현은 외형도 웅장하지만 당대 만오천권의 책에 대한 인문학에 대한 경외심이었음을 이해하게 된다.

2. 긍정의 시학, 행복의 열매

유치원 문을 열면
작은 발자국들이 먼저 달려옵니다
"이야기할머니 오셨다!"
환호성 속에
내 마음도 꽃처럼 피어나지요
열 해의 아침을
지각 한 번 없이 걸어 간 길
전래동화 속의 지혜와

선현들의 미담을 품고
나는 아이들 곁으로 갔지요

옛이야기를 꺼내어
아이들의 눈망울에 심을 때면
나는 이야기꾼이 아니라
그 자체가 이야기가 됩니다

삼백사십 편의 이야기
삼십사 곳의 웃음꽃
그 속에 나는 나를 키웠고
나도 어느새
하나의 아름다운 전설이 되었지요

지난해 가을,
감사패 한 개에
열 해의 봄날이 담겼을 때
나는 비로서
나 자신을 꼭 안아주었습니다

잘 했어요 참 잘 했어요
세상에서 가장 따뜻한
아름다운 이야기할머니
당신의 이야기는 끝나지 않았어요
오늘도 누군가의 기억 속에서
다시 피어나니까요.

— <이야기할머니 오셨다> 전문

5년 동안 박덕희 시인과 나는 동백섬에서 하는 해운대 구청의 새벽운동 프로그램에 참여하고 있다. 요즈음도 매주 네 번을 만난다. 참 자주 만나는 편이다. 어느 친구가 매주 네 번을 만나나. 그는 고양이를 좋아하고 개들을 사랑한다. 동백섬 둘레길을 걸을 때 만나는 애완용 개들에게도 일일이 인사를 나누고 주인에게도 목례를 하며 개들의 특성을 말하며 사랑스러운 표현을 감추지 않는다. 날쌔게 달리는 고양이에게도 '길양아'하고 부르며 반가움의 눈웃음을 한자락 펼치며 아침을 여는 장면을 목격하기도 한다. 또한 많은 풀과 나무 그리고 꽃들의 이름도 척척 부르면서 동식물에 대한 자연 친화를 넘어선 사랑이 가득한 시인이다.

아이들을 만나면 얼굴 가득 외할머니의 사랑 뿜이 넘친다. 이야기 할머니의 직업이 체화를 이루고 있는 것이다. 아이들에게 꿈과 사랑을 이야기로 엮어서 340편의 스토리를 말하며 보낸 세월을 〈이야기할머니 오셨다〉로 형상화한 자화상의 시이다.

"이야기할머니 오셨다!"로 시작되는 유치원 아이들의 환호성을 인사로 받으며 살아 온 날들에 대한 보람은 "잘 했어요 참 잘 했어요"란 자신에 대한 위로와 격려로 표현된다. 언젠가는 유치원 아이들도 '기억' 속에서 피어나 끝나지 않은 아름다운 이야기로 남을 것이라고 노래한다. 참으로 행복한 10년을 한 편의 시에 소담하게 담아

단절이 아닌 연속의 의미로 시화하고 있다.

3. 일상의 낯설게 하기

시인은 새벽을 여는 해변가의 모래사장에서 서서히 드러나는 박쥐문양 혹은 꽃잎 문양을 만난다. 밤을 지키며 예술행위를 한 갈매기나 비둘기들의 발자국 흔적이다. 일상적이고 익숙한 관점에서는 도시와 가가운 해운대백사장에는 비둘기와 갈매기들이 자주 어울려 다니고 날고 있다. 박쥐 문양 같고 꽃잎 문양 같은 그들의 발자국은 석기시대 선조들의 토기에서 볼 수 있는 빗살무늬와 닮았다고 노래한다. 시인이 석기시대를 여행하는 듯한 표현은 러시아 형식주의 기법의 낯설게 하기이다. 모래사장의 모래가 파도나 바람결에 가지런히 평정되는 현상을 참빗을 빗는 자연의 신비로움으로 형상한다.

새벽마다 동백섬과 해운대백사장을 걷는 풍경은 일상적이지만 창조된 표현은 낯설게 하기다. 서사인들의 생활 토기의 빗살무늬로 형상화하고 있기 때문이다. '낯설게 하기'는 익숙한 대상을 낯설게 만들어 인식의 틀을 깨고 새로운 관점을 얻도록 하는 것을 의미한다. 익숙한 관점을 뒤집어서 새로운 시각 빗살무늬로 읽고 보는 새로운 시각의 예술적 기법을 활용하고 있는 것이다.

뿌옇게 여명이 시작 된다
서서히 드러나는
박쥐문양과 꽃잎 문양들
밤을 지키며 예술을 상은
갈매기나 바다 비둘기들의
흔적이다

이들의 발자국을 쫓아가다
또 다른 예술,
빗살무늬를 만난다
긴 파도를 빗는 바람의 참빗은
모래도 가지런히 빗어 놓았다
자연의 신비로움이다

옛 선조들의 토기에 그려진
빗살무늬와 닮았음에 놀랍다

먼 옛날과 오늘을 잇는
보이지 않는 연결고리가
바다의 무늬를 옮겨놓았나
잠시 석기시대를 더녀온 듯
파도가 발등을 스쳐 갈 때의
상쾌함은 나를 미소 짓게 한다
나는 오늘도 빗살무늬를 만난다

(2023. 8.21)

— <빗살무늬를 만나다> 전문

그의 창작활동이 시낭송과 시극, 이야기 할머니로 시작하였지만 이제 3권의 시집을 상재하면서 고아하고 맑은 깃법의 창조적 시인으로 성공하는 미래의 시간을 그는 확실하게 잡은 것이다. 문운을 빈다.